www.tredition.de

AF197850

H. Götze-W.

# Kräuter verfeinert mit Reimen

## Sachbuch mit Lyrik

Geschrieben hab ich das für euch,
ich hoffe, dass es euch erfreut.
Lange sollt ihr Freude haben,
das will ich euch allen sagen.

www.tredition.de

© 2017 H. Götze-W.
Umschlag, Illustration: R. Götze
(Bilder auf pixabay.com
Alle Bilder auf Pixabay sind frei von Urheberrechten
unter Creative Commons CC0 veröffentlicht)

Verlag: tredition GmbH, Hamburg

ISBN
Paperback        978-3-7345-8364-3
Hardcover        978-3-7345-8365-0
e-Book           978-3-7345-8366-7

Printed in Germany

***H. Götze - W.***

Kräuter verfeinert mit Reimen

Mit Kräutern möchte ich Freude bereiten,

und beschreibe, wie man sie zubereitet.

# Inhaltsverzeichnis

# Gedicht

## Anis

Auch Anis gibt es auf unserem Kontinent,
vieler Ort den Anis schon lange kennt. Man
gerne an die leckeren Anisschnitten denkt, an
Freunde gerne einen Aniskuchen verschenkt.
In Schnaps und Likör, der  Anis dazu gehört.
In Backwaren und Brote gibt man Anis hinein,
da schmeckt das Kraut besonders fein.
Angenehm ist der Anisgeschmack, ob man ihn
kocht, oder ob man ihn backt.

## Anis

Die Herkunft der Anis ist der östliche Mittelmeerraum. Anis wächst inzwischen auch auf den griechischen Inseln, in Europa, Asien und Nordamerika. Der industrielle Anbau der Anis, ist in den wärmeren Ländern wie Spanien, Frankreich und Italien. Die einjährige Anispflanze kann bis zu 60 cm hoch werden. Anis hat eine gelb-weiße Doldenblüte. Sehr bekannt ist das Kraut als Zugabe in Kuchen, Süßspeisen, als Gewürzkuchen und zur Zubereitung von Brot-und Backwaren. Geeignet ist das Gewürz auch für Fleischspeisen, Saucen, Salate und Gemüse. Gut geeignet ist Anis zur Herstellung von Schnäpsen und Likören.

Anis wirkt verdauungsfördernd.

# Gedicht

## Basilikum

Das Königskraut wird es bei uns hier genannt, bei den Hindus als Heiliges Kraut bekannt. Basilikum ist ein Küchenkraut, er zu sehr vielen Gerichten taugt. Zu Suppen, Eintöpfe und Nudelgerichten, dazu noch Basilikum herrichte. Die Öle des Basilikums für Parfüme, das Königskraut gerne in Soßen verrühre. Basilikum man auf vielen Märkten findet, mit dem Kraut sich besonders wohlbefindet.

## Basilikum

Auch Königskraut genannt und ist als heiliges Kraut bei den Hindus bekannt, da wo auch die Heimat des Basilikum ist. Bei uns findet man das Kraut in vielen Küchen und es wird zu vielen Speisen verwendet. Für Nudelgerichte, Suppen und Eintöpfe, zur Zubereitung von verschiedenen Fleischgerichten wird das Königskraut gerne verwendet. Zur Verfeinerung von Soßen, Eierspeisen, Pasteten und Gemüsegerichten ist das Kraut wunderbar geeignet. Basilikum wird auch gerne für Öle und Essig verwendet. Der hohe Gehalt der ätherischen Öle des Basilikums dient auch zur Herstellung von Parfümen. Ebenso hat dieses Küchenkraut eine heilende Wirkung, ist krampflösend, beruhigend, appetitanregend und lindert chronische Magenleiden und Gallenleiden. Auch bei Erkrankungen der Harnwege kann Basilikum eingesetzt werden, das Königskraut fördert das allgemeine Wohlbefinden. Basilikum ist sehr kälteempfindlich und in meinem Garten erfror er nach einer frostigen Nacht im späteren Frühjahr.

## Gedicht

### Beifuß

Beifuß ihn auch Gänsekraut nennt und in ganz
Europa kennt. In der Küche verwendet man nur die
Blütenrispe, man lege sie rein in eine leere Kiste.
Man kennt das Kraut gerebelt und auch
getrocknet, gerne mal von dem Kraute kostet. Gut
geeignet ist der Beifuß dann, wenn man ihn gibt an
Salaten und Saucen dran. Zu vielen
Fleischgerichten kannst du das Kraut
daruntermischen.

# Beifuß

Ist bei uns auch bekannt als Gänsekraut. Seine
Heimat ist der Mittelmeerraum, bis hinauf zum
Lappland und auch in indischen Gebieten. Man
findet das Kraut im tiefen Sibirien, Mexiko,
Nordamerika und Alaska. Verwendet wird beim
Beifuß nur die Blütenrispe. Diese wird
abgeschnitten, noch bevor das Kraut in voller Blüte
steht, da hier der Bitterstoffgeschmack sehr hoch
ist. Die Triebe können getrocknet oder gerebelt in
einem Glas aufbewahrt werden. Das sogenannte
Gänsekraut verwendet man gerne für Gänse-und
Entenfleisch, Schweine-Hammel- und Kalbfleisch.
Auch bei Rinderbratenstücke mit höherem
Fettgehalt verwendet man gerne Beifuß, da das
Kraut verdauungsfördernd wirkt. In der Diätküche
ist er bekannt für Rohkost, Salate, Suppen und
Saucen. Eine große Rolle spielt der Beifuß bei der
Herstellung von Likören und Branntweinen, aber
auch zur Anwendung für Senf.

# Gedicht

## Bohnenkraut

Bekömmlich schmeckt das Kraut gar sehr, es gibt seinen Geschmack fürs Essen her. Zu Linsen und in den Eintopf geben, du brauchst nur ein bisschen davon nehmen. Zum Einmachen von Zwiebeln und Gurken, kann man es mit Bohnenkraut würzen. Eine kleine Menge an das Fleisch gern gibst, sicherlich diesen Geschmack dann liebst.

## Bohnenkraut

Stammt aus den Mittelmeergebieten und wird auch bei uns, in Spanien, Frankreich, Süd-und Osteuropa angebaut. Bohnenkraut wird in erster Linie für Suppen und Eintöpfe verwendet, besonders bei Bohneneintopf. Auch zum würzen von Schweinefleisch und Wildgerichten ist Bohnenkraut gut geeignet. Da dieses Kraut ein intensives Aroma entwickelt, sollte es eher sparsam angewendet werden. Zum einmachen von Gurken und Zwiebeln ist das Bohnenkraut gut geeignet, wegen seines starken Geschmacks. In der Naturheilkunde soll Bohnenkraut schmerzlindernd wirken bei Wespen-und Bienenstiche. Es wirkt antiseptisch und hat eine harntreibende Wirkung.

# Gedicht

## Dill

Das Gurkenkraut nennt man sehr oft Dill, ist gut zu Salaten, wer es will. Gurken kannst du damit einmachen, zusammen mit anderen Sachen. Gebe ihn nur kurz zum Kochen hinein, zu Salaten und Saucen schmeckt er fein.

## Dill

Den Dill kennen wir auch unter dem Namen Gurkenkraut. Die Heimat dieses Krautes ist das westliche Asien und ist auch in Russland, Ägypten und im Mittelmeerraum bekannt. Dill verwendet man gerne getrocknet oder gefriergetrocknet. Besonders zum Einlegen für Gurken und Zwiebeln ist er wegen seines Aromas gut geeignet. Auch frische Salate erhalten einen besonderen Geschmack mit der Anwendung von Dill. Eine ganz besondere Delikatesse sind Dillsoßen, die man zu Lamm, Huhn und Kalbfleisch verwendet. Da Dill einen sehr starken Eigengeschmack besitzt, wird er selten mit anderen Kräutern zusammen verwendet. Zum Ansetzen von Essig- und Ölmarinaden ist er besonders gut geeignet. Sehr beliebt ist er auch bei der Herstellung von Kräuterquark, Kräuterbutter und Kräuter-Mayonnaisen. Verwendet wird Dill auch zu Eiergerichten, Suppen und Eintöpfen. Er sollte nicht zu lange gekocht werden, da er sonst sein feines Aroma verliert.

# Gedicht

## Estragon

In der Mongolei man Estragon kennt, ihn dort mit ganz anderem Namen nennt. Er wird dort Kaiserkraut genannt, ist im südlichen Land sehr bekannt. Im Sommer gedeiht bei uns der Estragon, im Garten, im Topf und auf dem Balkon.

## Estragon

Wird auch Kaiserkraut genannt. Estragon stammt aus Süd-u. Ost-Russland, bis hin zur Mongolei. Auch im Mittelmeergebiet kann das Kraut heute noch wild wachsend gefunden werden. Er wächst an trockenen Standorten und wird gerne für die französische Küche verwendet. Estragon wird gerne zusammen mit anderen Kräutern gemischt und ist gut geeignet zum würzen von Fleischgerichten, wie Kalbfleisch und Geflügel. Er passt auch ausgezeichnet zu südländischen Gemüsen wie Tomaten, Auberginen und Zucchini. Sehr beliebt ist das Kaiserkraut auch zu Pilz-und Eiergerichten. Angesetzt mit Essig und Ölen, findet man Estragon auch gerne in der Salatküche, dort entfaltet er besonders sein feines Aroma. Zur Herstellung der Sauce Bernies ist Estragon besonders zu empfehlen. Auch für Nudel-und Fischgerichte wird das Kraut oft verwendet, oder auch sehr beliebt für ein gut gewürztes Steak. Estragon ist in meinem Garten sehr gut angewachsen und ich konnte ihn bereits in kleinen Mengen ernten.

**Gedicht**

**Fenchel**

Er ein angenehm Aroma hat, wenn der Fenchel ist
in voller Pracht. Wenn seine Blätter getrocknet
sind, kannst du brühen einen Tee geschwind. Sein
starkes Aroma riecht man dann, wenn du es gibst
an Fleisch und Suppen dran. Kleingehackt zum
Fischgericht, sein Aroma dir verspricht. Wenn du
einmal Bauchweh hast, trink den Tee, er gibt dir
Kraft.

## Fenchel

Sehr beliebt ist dieses Heilkraut und stammt schon aus den Zeiten der alten Römer. Man verwendet beim Fenchel nicht nur die getrockneten Blätter, sondern auch den Samen, der bei verschiedenen Currymischungen eingesetzt wird. So ist in der chinesischen Küche das Gewürz sehr bekannt wobei auch der Fenchelsamen eingesetzt wird. Fenchel besitzt ein Anisaroma und ist leicht bitter. Er wird gerne für Wildgerichte eingesetzt, zu Schweinefleisch und für Marinaden und Beizen. Fein gehackt kann man ihn auch zu Geflügel-und Fischgerichten verwenden. Als Pulver kann Fenchel auch in Brühen, Suppen und Gemüse verwendet werden. Fenchel sollte wegen seines starken Aromas nur in kleineren Mengen angewandt werden. Er ist auch gut geeignet zur Mischung für Tee.

**Gedicht**

**Koriander**

Das Heil-und Gewürzkraut gibt es schon seit vielen Jahren, wir hier noch gar nicht auf unserer schönen Erde waren. Koriander ist bei uns sehr bekannt, es wird auch gerne Lebkuchengewürz genannt. In Brot, Suppen, zu Kohlgerichten, kann man Koriander daruntermischen.

## Koriander

Da das Korianderkraut schon vor einigen Jahrhunderten als Heilkraut verwendet wurde, gehört der Koriander zu den ältesten Heil-und Gewürzkräutern. Seine Heimat ist sehr wahrscheinlich Nordafrika, Vorder-und Westasien. Mittlerweile ist der Koriander in ganz Europa und in den südlichen Ländern bekannt. Bei uns verwendet man Koriander gerne bei der Lebkuchenherstellung und zum verfeinern der berühmten Spekulatius. Eine deftige Gewürzmischung ist der Koriander zusammen mit Kardamon und Kümmel, für Suppen und Saucenansätze. Auch im Gewürzbeutel mit Nelken und Pfefferkörner wird dieses Kraut verwendet für Beizen und Marinaden. Zum würzen von Wild-Rind-und Schweinefleisch kann man grob gemahlenen Koriander verwenden, sowie zu Lamm-und Hammelbraten. Verschiedene Brotsorten werden gerne mit diesem Kraut verfeinert. Einen besonderen Geschmack erhalten Suppen, Eintöpfe und Kohlgerichte, wenn man etwas Koriander hinzugibt. Verwendet wird er auch gerne zum würzen von Sauerkraut. Er hat einen milden Geschmack und kann bei verschiedenen Gerichten großzügig verwendet werden.

Das Korianderkraut kann man auch wie Petersilie fein gehackt oder geschnitten für Rohkost und Salate verwenden. In der Naturheilkunde ist dieses Kraut bekannt als: verdauungsfördernd, krampflösend, nervenberuhigend und der Koriander ist Bestandteil vieler Abführtees.

## Gedicht

## Kümmel

Das Kraut ist sehr bekannt, kennt es fast in jedem Land. Feld-und Wiesenkümmel gern zu ihm sagt, kann es verwenden in der Küche jeden Tag. Für Suppen und Eintöpfe verfeinert es den Geschmack, nimmt es gerne wenn man Brot dann backt. Beim Zubereiten von Kraut und Kohl, gebe Kümmel dran, sehr wohl. Zu Salaten das Kraut nicht so gut schmeckt, in Schnäpsen oder Likören gern Kümmel drinsteckt.

## Kümmel

Schon vor 500 Jahren war dieses Gewürzkraut bei den Arabern und Ägyptern bekannt. Der Kümmel wächst inzwischen in ganz Europa und wir kennen ihn als Feld-und Wiesenkümmel. Dieses Kraut ist heute nicht mehr wegzudenken aus unseren Küchen. Er wächst das ganze Jahr über und ist im Handel als Pulver oder Samen erhältlich. Man verwendet den Kümmel gerne für Suppen und Eintöpfe zur Verfeinerung des Geschmacks. Auch für Kohl-und Krautzubereitungen kann Kümmel gerne verwendet werden. Hier noch einige Beispiele, wo dieses Gewürzkraut hervorragenden Geschmack verleiht: Kartoffel-und Selleriegerichte, Zwiebeln-und Lauchgerichte, zu verschiedenen Fleischgerichte wie Gulasch, Raghu, zur Herstellung eines bekömmlichen Schweinebraten oder-Haxen, zur Füllung des berühmten Schweinebauchs. So sind auch Kümmelsaucen weitbekannt und man verwendet ihn auch für Rinderbraten, für Gans-und Entengerichte. Zum Einlegen und Einmachen von Gemüse, zur Herstellung von Kräuterölen und Essig wird auf Kümmel kaum verzichtet. Nur selten zum Einsatz kommt der Kümmel, wegen seines intensiven Geschmacks, in der Salatküche.

Kümmel wird auch verwendet für verschiedene Käsesorten, für Liköre und Schnäpse. Der Kümmel besitzt ein eigenes herausragendes Aroma. Gerne wird dieses Kraut zusammen mit anderen Gewürzen wie Majoran und Knoblauch verwendet. In der Naturheilkunde sagt man dem Kümmel nach, dass er verdauungsfördernd wirkt.

## Gedicht

## Liebstöckel

Liebstöckel nennt man auch Maggikraut, er
bekömmlich für die Speisen taugt. In Suppen und
Gemüse, man das Kraut dann verrühre. Man sagt
ihm nach viele Vitamine und gibt ihn dann in die
Terrine. Sein Zuhause in ganz Europa ist, sehr
gerne man Liebstöckel ißt.

# Liebstöckel

Auch bekannt als Maggikraut und sein Zuhause ist in ganz Europa. Liebstöckel hat einen Anteil an Vitamin C, in der Küche verwendet man gerne die getrockneten Blätter. Für Fleisch, Geflügel, zu Suppen und Gemüse wird dieses Kraut oft eingesetzt. Liebstöckel besitzt einen deftigen Geschmack. Man kann ihn auch gerne mit anderen Kräutern zusammen verfeinern, zu Kräuterbutter oder Kräuterquarks und Mayonnaisen. Liebstöckelsamen ist gut geeignet zum Backen von Broten und Vollkornbacksorten. Reis-und Nudelgerichte gewürzt mit Maggikraut, verleihen den Speisen einen bekömmlichen Geschmack. Der Liebstöckel wird auch zur Herstellung von Essenzen und Alkohol verwendet.

**Gedicht**

**Lorbeer**

In griechischen Sagen ist der Lorbeerkranz ein
Symbol, an unseren Speisen schmeckt Lorbeer
bekömmlich, sehr wohl. Ob für Marinaden, Soßen
und Gemüse, Lorbeer setzt man an für eine Brühe.
Ein Koch-Sud mit Lorbeer, Wacholder,
Pfefferkörner, Nelken und Koriander, gibt sie alle
zusammen in einen Topf und kocht sie
miteinander. Zum dekorieren ist Lorbeer gedacht
und hat uns viel Freude gebracht.

# Lorbeer

In den griechischen Sagen ist Lorbeer ein Symbol, der Lorbeerkranz. Lorbeerbäume sind in den Mittelmeerländern, im gesamten südeuropäischen Raum, bis hin nach Kleinasien bekannt. Zum Ansetzen von Brühen, Marinaden und Saucen verwendet man gerne Lorbeer. Besonders gut geeignet ist er für alle Sauerkonserven, für eingelegtes und eingemachtes Gemüse. Einen wunderbaren Koch-Sud erhält man mit Lorbeerblätter, Wacholderbeeren, Pfefferkörner, Nelken und Koriander. So kann dieses Gewürzkraut auch angesetzt werden mit Fisch, Geflügel und Fleisch. Lorbeer ist praktisch ein Allround-Gewürz und auch für Wildgerichte hervorragend geeignet. Dekorieren mit Lorbeerblättern sieht sehr anschaulich aus. Sehr bekannt ist das Kraut in der italienischen Küche und wird dort zu Lorbeerölen und – Essig, verarbeitet für Salate. Sehr gerne kann man Lorbeerblätter in Öl und Essig hinzufügen, einige Tage stehen lassen und es entfaltet sich ein wunderbares, kräftiges Aroma. Es wird verwendet für  Speisen oder Salate. In der Naturheilkunde helfen Lorbeerblätter und - Beeren gegen Blähungen. Lorbeerblätter erhält man im Handel ganz oder gemahlen.

**Gedicht**

**Majoran**

Auch Leberwurstgewürz genannt, bei uns im ganzen Land bekannt. Getrocknet oder gerebelt, das Kraut in die Suppe gebe. Bratkartoffeln schmecken besonders fein, wenn du gibst Majoran hinein. Das Kraut nicht zu lange lagern, sonst ist es schlecht für den Magen. Ranzig wird Majoran gar sehr, verwende ihn dann nimmer mehr

## Majoran

Bei uns sehr bekannt als Leberwurst-und Bratenkraut.

Majoran stammt aus Nordafrika, dem östlichen Mittelmeer, Südwestasien und Vorderindien. Heute wird er jedoch in ganz Europa angebaut, vor allem in Frankreich, Italien, Spanien, Österreich, Deutschland, Rumänien und Polen. Majoran verwendet man getrocknet oder gerebelt. Das Kraut hat einen sehr interessanten Geschmack und verfeinert die Gerichte hervorragend. Majoran eignet sich gut für Suppen-und Kartoffelgerichte. So werden oft Bratkartoffeln mit Majoran verfeinert. Für uns bekannte Fleischsorten wird er gerne eingesetzt für Fisch-und Geflügelsorten, jedoch nur bedingt. Eine Leber-Blut-oder Bratwurst ohne Majoran wäre undenkbar. Er eignet sich auch wunderbar in Beizen und Marinaden. Auch für Kräuter-und Frischkäse wird Majoran zum verfeinern des Geschmacks in kleinen Mengen verwendet. Majoran sollte auch getrocknet möglich rasch verwendet werden, da er sich bei längerem Lagern gerne im Geschmack verändert. Er wird ranzig. In meinem Garten hielt sich der Majoran nur über eine kurze Zeit hinweg.

## Gedicht

## Muskat

In Neuguinea, Indien und Sri Lanka ganz bekannt,
das Gewürz wird auch bei uns Muskat genannt.
Eine Nuss ist das Gewürz ganz fein, reib es doch
mal in die Suppe rein. Wenn der Kern noch ölig ist,
da ist er frisch, sehr gewiss. Die Muskatblüte ist
von hoher Qualität, in der Küche man sie zerlegt.
Einen Koch-Sud von Fleisch oder Fisch, gebe
hinzu Muskat ganz frisch. Zum Einmachen und
Einlegen, kann man Muskat dazugeben. Ihn
sparsam zu Gerichten gebe, größere Mengen bitte
nicht nehme.

## Muskat

Ein weitaus bekanntes Gewürz, dessen Ursprungsländer die Molukken und Neuguinea sind. Inzwischen bekommen wir den Muskat auch von den Westindischen Inseln und Sri Lanka. Die reife Frucht dieses Gewürzes sieht aus wie eine gelbe Pflaume, sie wird getrocknet, platzt auf und eine hellrote Samenhülle wird sichtbar. Im Handel erhalten wir das Gewürz schon seit längerer Zeit. Muskat ist in unseren Küchen, wie so viele Kräuter und Gewürze, unentbehrlich. Zum abrunden des Geschmacks wird Muskat in Suppen, Brühen und Boullion eingesetzt. Man kann die dunkelbraunen, oder die weißen (gekalkten) Kerne verwenden, reibt ihn fein in die verschiedenen Gerichte. Er ist auch gemahlen im Handel erhältlich. Eine gute Qualität der Kerne erkennt man, wenn diese etwas Öl zeigen und nicht trocken sind.

Die Muskatblüte wird auch in schmalen Streifen angeboten, diese ist von hoher Qualität und sollte wenn man sie etwas drückt, ebenfalls eine kleine Menge Öl zeigen.

Zum würzen für Eintöpfe und Aufläufe, sowie für Eierspeisen, wird Muskat gerne eingesetzt. Einen Koch-Sud für Fleisch wird Muskat genau so verwendet, wie zur Zubereitung von verschiedenen Käsesorten. Auch bei Schokolade wird Muskat in geringen Mengen eingesetzt, wobei er für Cocktails (Rumcocktails), Fruchtbowlen und den bekannten Eierpunschsorten zum Einsatz kommt. In der Naturheilkunde ist bekannt, dass Muskat mit Bedacht verwendet werden soll. Bereits zwei Muskatnüsse könnten für den Menschen gefährlich werden. Aber keine Sorge, eine kleine Menge zum Würzen schadet uns überhaupt nicht.

## Gedicht

## Pfefferminze

Das Kraut im Garten ganz gut wächst, wenn man
es beim wachsen ausbreiten lässt. Von weitem
riecht man ihren Duft, wenn man holt ganz tief Luft.
Bevor das Kraut in der Blüte steht, die
Pfefferminze zum trocknen legt. Bei großer Ernte
in Büschel bindet, beim trocknen sich dann kein
Schimmel bildet.

## Pfefferminze

Wächst gut an, benötigt etwas mehr Platz um sich ausbreiten zu können. Im Herbst trockne ich das Kraut und die Blätter der Pfefferminze fülle ich in einen luftdichten Behälter, da kann man sie über längere Zeit aufbewahren. So kann man in der kalten Jahreszeit sich immer wieder einen hervorragenden Tee zubereiten.

Die Pfefferminze wirkt Blutdruck senkend und sollte bei niedrigem Blutdruck etwas sparsamer angewendet werden.

**Gedicht**

**Rosmarin**

Ein sehr geschmackvolles Kraut Rosmarin ist, man
gebe es an Fleisch, Suppen, Ölen oder auch an
Fisch. Rosmarin ist gut zum trocknen geeignet, es
eine Weile auf einem Tuch ausbreitet. Das Kraut
ist stärkend und regt den Kreislauf an, gibt es sehr
gerne an viele Gerichte dran.

## Rosmarin

Ist ein Buschgewächs und man findet ihn z.B. in Spanien, Italien, Griechenland, Nordafrika, vereinzelt auch in der Türkei und Ägypten. Inzwischen wächst Rosmarin auch in den strengeren Klimazonen und wird bei uns gerne zur Würzung von Fleisch verwendet. Rosmarin besitzt einen eigenen intensiven Geschmack und sollte daher sparsam angewendet werden. Eine beliebte Mischung ist für Schweinefleisch, Lamm, Hammel und Wildbret, mit Öl angerührt. So passt auch Thymian und Majoran hervorragend zu kurzgebratenen Stücken und kann wunderbar zu Marinaden eingesetzt werden. Rosmarin benutzt man gerne für Suppen und Eintöpfe, wobei er für Salate wegen seiner Nadeln und des strengen Geschmacks, weniger verwendet wird. Wer Dressing liebt kann hier Rosmarin in Ölen ansetzen oder im Essig verwenden. Rosmarin kann getrocknet werden und auch in der Naturheilkunde verwendet werden. Das Kraut ist harntreibend und ist gut gegen Neuralgien. Das Rosmarinöl wirkt antiseptisch. Rosmarin wirkt auch kreislaufanregend, stärkend und verdauungsfördernd.

In meinem Kräutergarten ist Rosmarin gut angewachsen. Habe ihn jedoch in einen Topf gepflanzt und er überwintert in einem wärmeren Raum, da diese Art Kraut, die ich verwende nicht winterhart ist. Mein Rosmarin ist fast vier Jahre alt und ich kann ihn in kleineren Mengen über das ganze Jahr hinweg verwenden.

## Gedicht

## Salbei

Salbei eines der ältesten Heil-und Gewürzkräuter ist, die getrockneten Blätter man gerne in Tee vermischt. Sehr kräftig ist er im Geschmack, wirkt gut wenn du Halsweh hast. Zu verschiedenen Fleischgerichte, gerne den Salbei herrichte. Im Garten Salbei gut gedeiht, oft Jahre dort das Kraut verweilt.

## Salbei

Die Herkunft des Salbeis ist der Mittelmeerraum. Salbei ist eines der ältesten Heil-und Gewürzkräuter. Er ist im Geschmack ein sehr kräftiges Küchenkraut und kann daher sehr sparsam eingesetzt werden. Man kann ihn zusammen mit anderen Würz-Kräuter mischen, z.B. Rosmarin, Thymian und Lorbeer. Diese Mischung der Kräuter wird gerne verwendet für Schweinefleisch, Lamm-und Hammelfleisch, so auch zu Füllungen für Ente und Gans. In der Naturheilkunde werden die Blätter des Salbeis in Ölen angesetzt, dort wirkt er schmerzlindernd gegen Halsschmerzen, sowie Entzündungen der Mund-und Rachenhöhle. Die getrockneten Blätter des Salbeis werden für Tees eingesetzt, er wirkt besonders beruhigend. Als Gewürzmischung ist Salbei im Handel erhältlich.

In meinem Garten ist Salbei gut angewachsen und ich konnte ihn seit einigen Jahren zum Sommerende ernten. Die getrockneten Blätter verwende ich zum Tee und gebe sie an Soßen und Suppen hinzu. Für Marinaden verwende ich ebenfalls Salbei zusammen mit Rosmarin und Thymian dort entwickelt er ein köstliches Aroma.

## Gedicht

### Zitronenmelisse

Das Kraut auch in unseren Gärten gut gedeiht und
für mehrere Jahre dort verweilt. Nicht
anspruchsvoll ist Zitronenmelisse, du gern davon
einen Tee aufgieße. Das Kraut ist intensiv im
Geschmack, es wird auch in Tüten verpackt. Für
Dessert zum verzieren, mit Zitronenmelisse
garniere.

## Zitronenmelisse

Wächst ohne großen Aufwand zusammen mit anderen Kräutern in meinem Garten. Zitronenmelisse hat einen ausgeprägten, intensiven Geschmack. Das Kraut wirkt sehr erfrischend und ich verwende die getrockneten Blätter gerne zu Tee und gebe z.b. Salbei und Thymian dazu. Melisse wird oft für Dekorationen von Dessert verwendet. Es entfaltet einen wunderbaren Geschmack zu Obstsalaten. Für Eisdessert ist die Dekoration mit Zitronenmelisse ein Blickfang. Zitronenmelisse ist ein mehrjähriges Kräutergewächs.

**Gedicht**

**Vanille**

Vanille stammt von der Orchidee-Familie ab, in der Küche wird sie verwendet Tag für Tag. Aus dem feucht-tropischen Land kommt sie her, unseren Gaumen erfreut die Vanille sehr. Geerntet werden die Schoten, zusammengebunden mit einem Knoten. Dann werden sie zum Trocknen gebracht, daraus wird dann der Vanillezucker gemacht. Für Dessert, Eis, Süßspeisen und Kuchen, kann man es mit Vanille versuchen. Gerne mögen wir ihren Geschmack, es ist schön, dass man Vanilleschoten hat.

## Vanille

Sie stammt aus Mexiko, wird aber auch in Madagaskar und auf den Inselgruppen des indischen Ozean, angebaut. Ein besonderes Klima für Vanille sind feucht-tropische Gegenden. Vanille gehört zur Familie der Orchideen und sie blühen nur einen Tag. Die noch grünen Schoten werden geerntet und haben eine Reifezeit von ca. 8 Monaten. Danach werden die Schoten in heißes Wasser getaucht und dann beginnt eine weitere Reifezeit von ungefähr 3 Monaten. Nun hat sich der Vanillegeschmack gebildet, sowie die uns bekannte schwarze Farbe der Schote. Im Handel wird uns die Vanille als getrocknete Schote angeboten. Gerne verwenden wir den bekannten Vanillezucker, den man für viele Möglichkeiten benutzen kann. Ein wunderbarer und angenehmer Geschmacksträger sind die Vanilleschoten zum verfeinern von Kuchen, Dessert, Süßspeisen und Milchgetränken.

Ebenso gut geeignet  ist Vanille für
Sahnespeisen, Eis, Fruchtsalaten und
Pudding. Auch Hefeteige und Mürbteige
erhalten einen besonderen und angenehmen
Geschmack mit der Zugabe von Vanille. Auch
zu Frischkäse verbreitet Vanille einen
hervorragenden Geschmack.

Zeitfracht Medien GmbH
Ferdinand-Jühlke-Straße 7
99095 Erfurt, Deutschland
produktsicherheit@kolibri360.de